1

홍예나의
깊이가 남다른

이지
소나티나

홍예나 저

samho ETM

머리말

소나티나와 그에 준하는 중요한 고전 장르 작품의 오리지널 곡들만을

점진적인 난이도 순서대로 배열하였습니다.

악보만으로는 알 수 없는 손가락 쓰임새와 구조 등을 고려하여 구성했으며,

진부한 곡이나 양산형 곡을 배제하고

난이도에 비해 독창성과 짜임새가 뛰어난 작품만을 선곡하여

쉽고 재밌게 학습할 수 있도록 구성하였습니다.

본 교재는 소나티나 학습에 앞서 기본기를 점검할 수 있도록 준비 곡을 제공하며,

명쾌한 티칭 노하우와 샘플 연주, 연주 시 유의 사항을 수록하여

보다 쉽고 효율적으로 곡을 익힐 수 있도록 섬세한 QR 연주 영상을 활용하여 구성하였습니다.

또한, 1권은 바이엘 2번 초반부터, 2권은 후반부터, 3권은 그 이상 수준부터

병행 학습하기에 적합한 곡집입니다.

퀄리티 높은 오리지널 곡들을 통해 탄탄한 기초를 쌓아가길 바랍니다.

2025년 03월

홍예나

목차

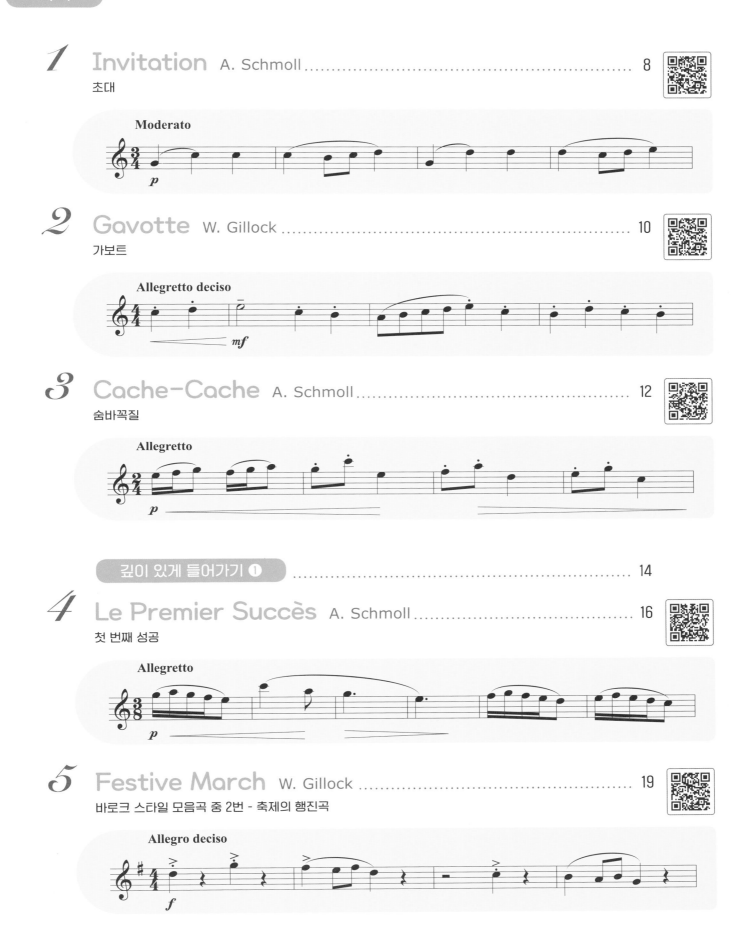

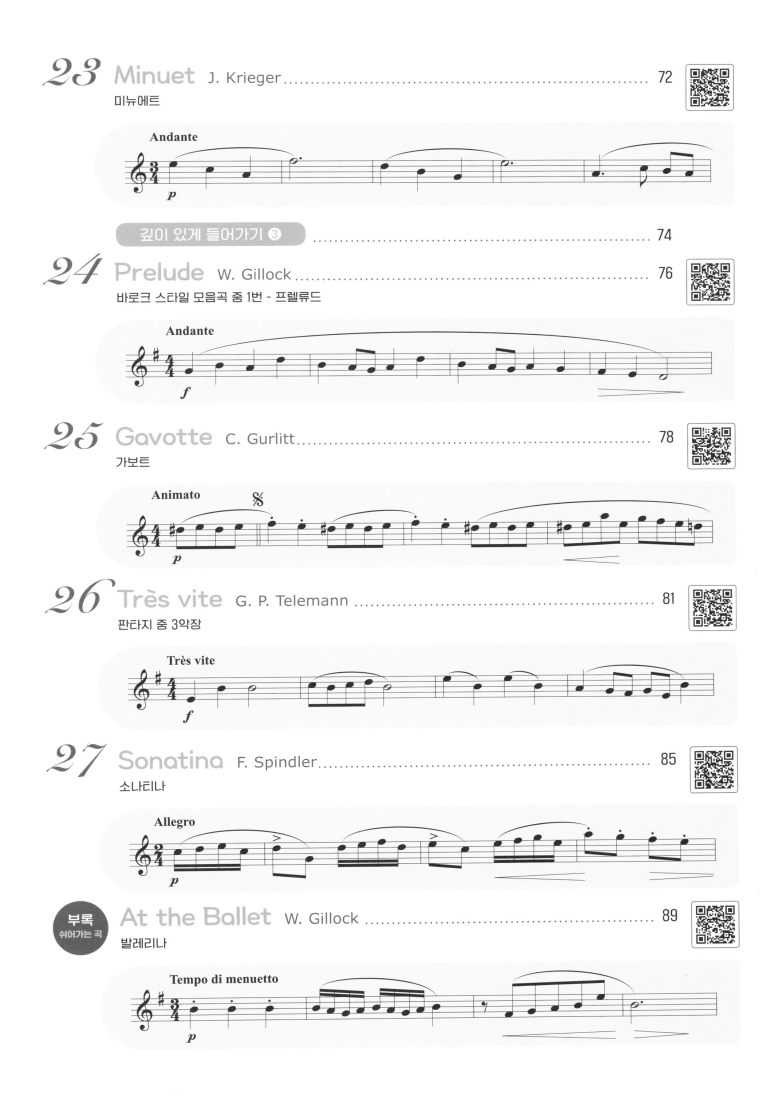

Invitation

초대

- **목표 템포** ♩ = 110 이상

- **곡 특징 및 학습 목표**
  - 평이하게 들리는 오른손 선율 뒤에 있는 펼침과 접힘을 반복하는 왼손 화음 진행이 어려울 수 있다.

- **기초탄탄 족집게 팁**
  - 막힘 없이 매끈한 연주를 하기 위해서는 딱 4마디씩 왼손 따로 3번 반복 후, 양손 함께 그 4마디만 쳐보기.
  - 같은 방법으로 각각 4마디 조각들을 연습 후에 마지막으로 전체를 한번 쳐보도록 한다.
  - 특히 14~16마디 왼손은 매끈히 넘어가기 어려운 흐름으로 특히 왼손 따로 반복연습이 필요하다.

Moderato

A. Schmoll

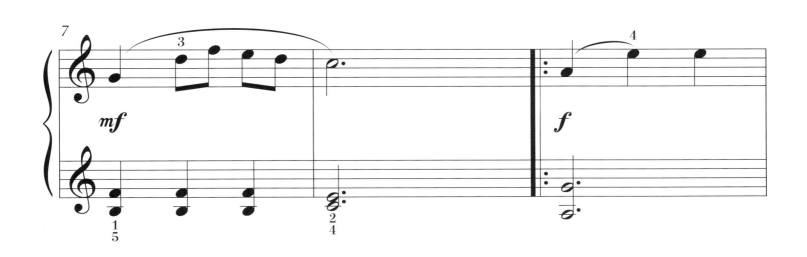

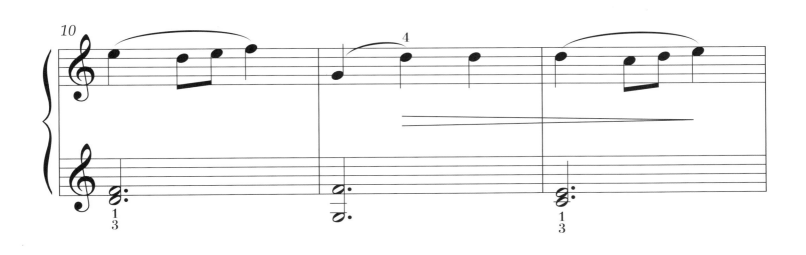

Gavotte

가보트

- **목표 템포** ♩ = 160 이상

- **곡 특징 및 학습 목표**
  - 왼손은 주로 화음 지속음을 내는 역할을 하고, 오른손이 메인 선율을 담당하는 곡이다.
  - 오른손의 아티큘레이션은 명료하되 한 음씩 분리시키지 말고 약 4마디씩 묶여있는 선율 흐름을 살린다.

- **기초탄탄 족집게 팁**
  - 곡이 수월하게 진행되다가 7~8마디에서 양손 유니즌으로 나오는 부분에서 어려움을 느낄 수 있다. 이 부분은 양손이 손가락 번호를 바꾸는 타이밍이 달라 초급자에게 혼동을 줄 수 있으므로, 해당 부분만 매우 느리게 반복 연습하여 능숙하게 만들도록 하자. 특정 부분으로 인해 곡 전체를 과하게 느리게 치면 안 되기 때문이다.

Allegretto deciso

W. Gillock

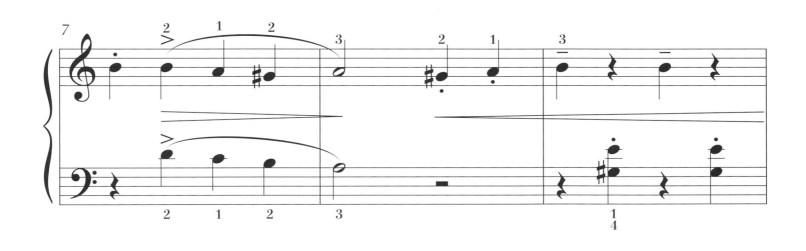

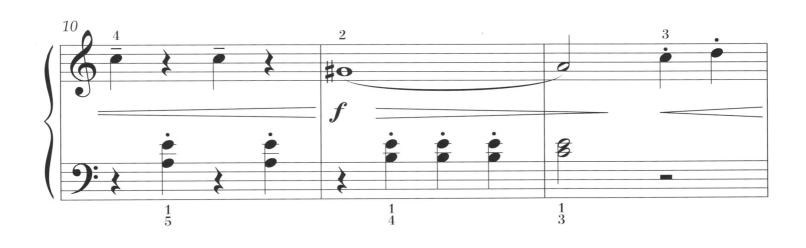

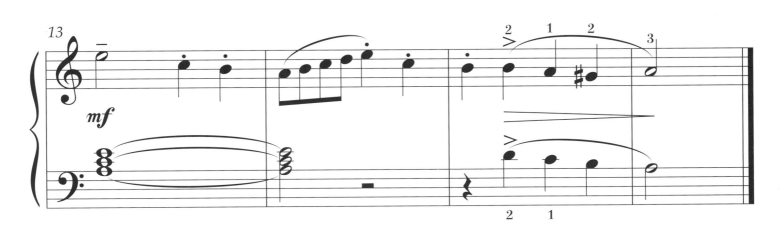

3

Cache-Cache

숨바꼭질

- **목표 템포** ♩ = 90 이상

- **곡 특징 및 학습 목표**
  - 왼손의 분산화음을 절뚝이지 않게 레가토로 연주한다.
  - 연주 시 왼손 20%, 오른손 80%의 밸런스를 유지해야 한다.
  - 오른손 아티큘레이션을 명료하되, 4마디 한 프레이즈의 흐름을 노래할 것.

- **기초탄탄 족집게 팁**
  - 6~8마디에서 왼손을 매끈히 진행하기 어렵다.
  - 알람을 30초 설정한 후, 왼손만 반복 연습한 뒤 양손을 함께 연주하여 자연스럽게 연결되도록 한다.

Allegretto

A. Schmoll

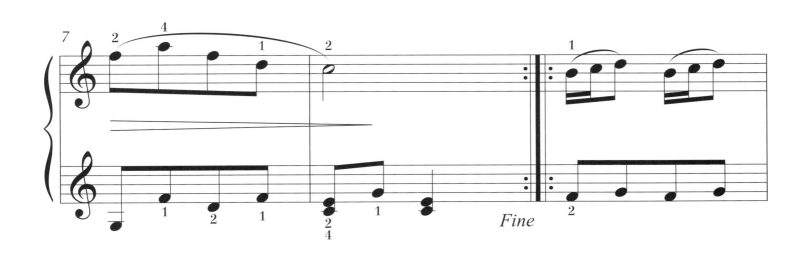

Le Premier Succès 편

⭐ 손가락 번호 표기의 선입견

일부 학부모들은 아이의 악보에 손가락 번호를 적는 것조차 반대한다. 음표 옆에 음 이름을 적는 것은 더욱 기겁할 일이라고 생각한다. 마치 그런 표기가 있으면 큰일 나는 것처럼 여긴다. 이는 선무당식 사고방식이다.

그들은 아이가 스스로 모든 것을 읽어내야 하며, 악보에 아무것도 표시해서는 안 된다고 믿는다. 하지만 나는 완전히 다르게 생각한다.

⭐ 손가락 번호 표기의 효율성

뇌과학적으로 보면, 인간의 뇌는 과부하를 싫어한다. 피아노 연주는 순간적으로 많은 요소를 동시에 고려해야 하는 고난도 작업이다. 음표를 읽고, 손가락을 배치하고, 리듬을 유지하며, 감정을 실어 연주하는 것은 결코 쉬운 일이 아니다. 하지만 악보에 몇 가지를 미리 적어두면 주의력을 분산시키지 않아도 되므로, 뇌의 가동력을 더욱 효율적으로 사용할 수 있다. 이는 뇌과학적으로도 매우 이로운 방법이다.

특히 초보자에게는 손가락 번호가 중요한 길잡이 역할을 한다. 학습 초기에는 손가락의 움직임이 익숙하지 않기 때문에, 적절한 번호 표기가 있으면 자연스럽게 연주 기술을 익히는 데 큰 도움이 된다. 경험이 쌓이면 결국 손가락 번호 없이도 자연스럽게 연주할 수 있게 된다.

오히려 무조건적인 암기와 자립을 강요하는 것은 비효율적일 수 있다. 중요한 것은 학습자가 점진적으로 독립성을 길러가는 것이다. 처음부터 모든 것을 스스로 해결하도록 강요하기보다는, 점진적인 단계를 설정하여 학습자가 부담 없이 성장할 수 있도록 돕는 것이 바람직하다.

손가락 번호 표기를 적절히 활용하면 학습자가 능률적으로 곡을 익힐 수 있다. 결국 중요한 것은 "무조건 어렵게 배우는 것"이 아니라 "가장 효과적으로 배우는 것"이 아닐까?

⭐ 뇌과학 이론 4가지 소개

1.인지 부하 이론 Cognitive load theory - 학습과 정보 처리에서 뇌의 자원이 제한적이라는 이론으로, 과도한 정보는 학습 효율성을 저하시킬 수 있다. 피아노 칠 때 많은 정보들로부터 '다소간' 해방되기 위해 필요한 정보를 적어놓는 것은 매우 효율적이다.

2. 유한 자원 모델 rimited capacity model - 뇌의 인지 자원이 한정되어 있어 지나치게 많은 정보가 주어지면 뇌기능이 저하된다는 이론으로, 복잡한 악보를 대할 때, 뇌의 주의력을 덜어줄 수 있다면 눈에 띄게 악보에 적어놓는 것이 능률적이다.

3. 작업 기억 이론 Working memory theory - 작업 기억의 용량이 제한적이라는 이론으로, 너무 많은 정보를 동시에 처리하는 것이 어렵다는 이론이다. 오른손, 왼손이 각각 서로 다 다르며, 여기에 동시에 음표를 다 읽고 운지법까지 생각해야 하므로 피아노는 다른 악기와 달리 '양손이 서로 너무 다르다는 문제'가 화두가 되므로, 너무 많은 정보로부터 정보를 단순화 시켜줘야 할 필요가 있다.

4. 시각적 과부하 이론 Visual overload theory - 주로 시각적 정보에 초점을 맞춘 이론으로, 시각적 자극의 양이 많을수록 인지적 처리가 어려워진다는 이론이다. 때문에, 덧줄 붙은 음은 차라리 대놓고 '미' 이렇게 커다랗게 써놓는 것이 뇌과학적으로는 '옳다'.

✺ 깊이가 남다른 팁

위 악보는 Mozart의 K.545의 일부 악보이다. 예를 들어, '4 4'라는 표기는 '1-4, 1-4'로 넷째 손가락을 두 번 바꾼다는 의미다. 이렇게 표기해두면 한눈에 쉽게 이해할 수 있다. 반면, 별다른 표기 없이 '1 1'만 적힌 악보라면 연주자는 스스로 많은 생각을 해야 하므로 인지적 부담이 훨씬 커진다.

많은 생각을 한꺼번에 한다고 해서 반드시 좋은 것은 아니다. 중요한 것은 빠르고 정확하게 곡을 익히는 것이다. 그 과정이 쉽고 효율적이면 더욱 좋다.

결국, 초견의 정석이란 무조건 모든 것을 스스로 읽어내는 것이 아니다. 뇌과학적 효율성만 따져보면 운지법은 물론이고, 경우에 따라 음 이름을 악보에 표기하는 것이 훨씬 능률적일 수 있다.

4

Le Premier Succès

첫 번째 성공

Morceaux pour piano, Op. 96-99, No. 1-10

- **목표 템포** ♪ = 140

- **곡 특징 및 학습 목표**
  - 학습용 곡에서 연속된 왼손의 지속음은 단순한 음악적 요소뿐만 아니라, 올바른 손 모양과 손가락 사용법을 익히기 위한 목적이 크다.
  - 새끼손가락을 잡고 있으므로 손이 요란스럽게 움직이지 않도록 손 모양을 잡아준다.

- **기초탄탄 족집게 팁**
  - 13~14마디에서 간단한 구조의 스케일이 등장한다. 13~15마디를 오른손만 충분히 반복 연습한 후, 양손을 합쳐 연습하는 것이 효과적이다.

Allegretto

A. Schmoll

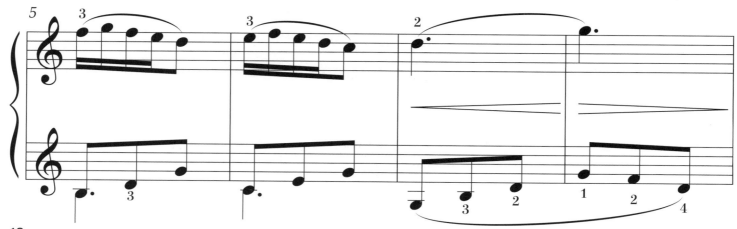

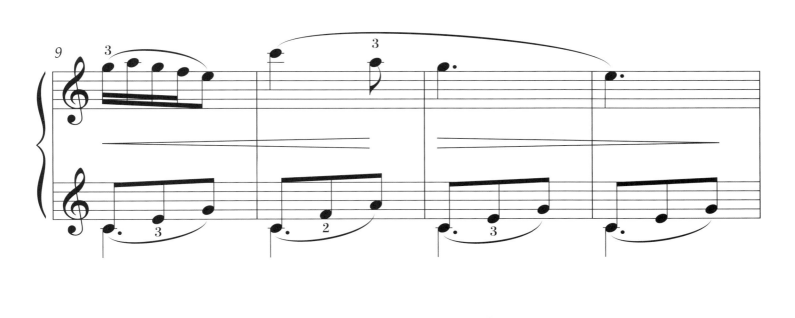

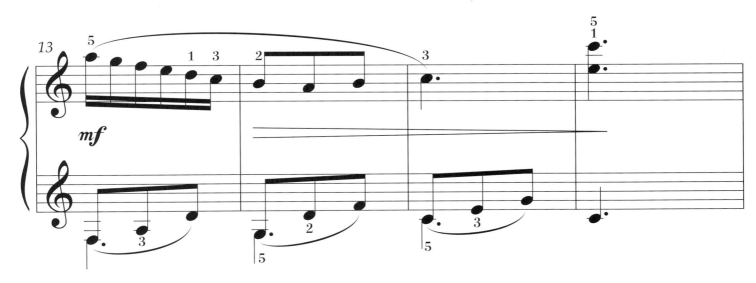

5

Festive March

축제의 행진곡 - 바로크 스타일 모음곡 중 2번

Little Suite in Baroque Style, No. 2

- **목표 템포** ♩ = 150 이상

- **곡 특징 및 학습 목표**

  - 당차며 위엄 있는 G 장조의 곡으로, Deciso는 단호한 느낌으로 연주하라는 의미를 담고 있다.

- **기초탄탄 족집게 팁**

  - 도입부에 표시된 악센트와 스타카토가 동시에 붙은 음표는 결코 세게 연주하라는 의미가 아니다. 이 음들은 서로 붙지 않도록, 리듬적으로 가지런하게, 시간적으로 몰리지 않게 연주함으로써 위엄 있는 단호함을 표현해야 한다.

Allegro deciso

W. Gillock

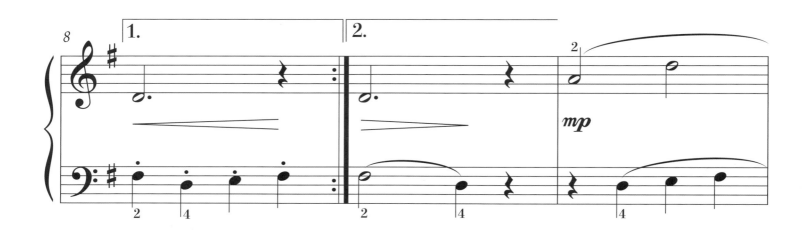

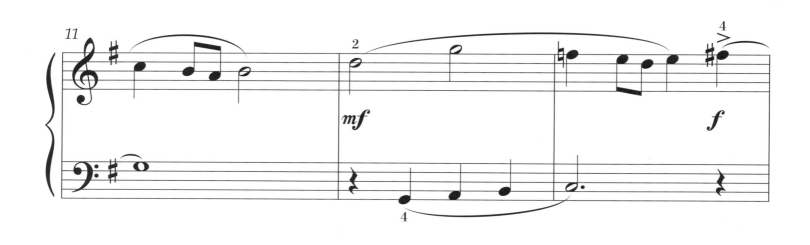

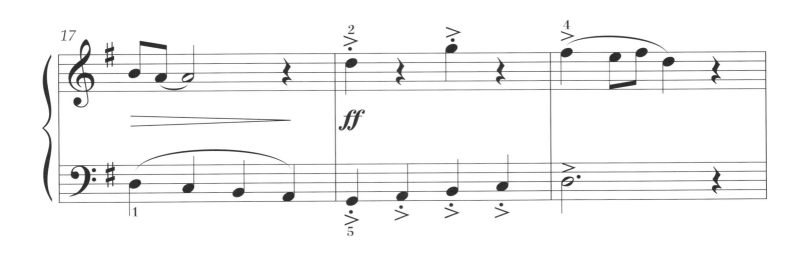

6

Frilsh ans Werk

힘차게 시작하자

Op. 227, No. 1

- **목표 템포** ♩ = 86 이상

- **곡 특징 및 학습 목표**
  - 얹어만 놓는 레가토 왼손과 명료한 오른손으로 소나티나 연주의 기본인 '밸런스'를 익힌다.

- **기초탄탄 족집게 팁**
  - 7~8마디와 11~12마디에서 오른손만 따로 충분히 반복 연습이 필요하다.
  - 음이 뭉개지거나 몰리지 않도록 손가락 한 개씩 움직이며 능숙해지도록 연습하자.

Allegretto

C. Gurlitt

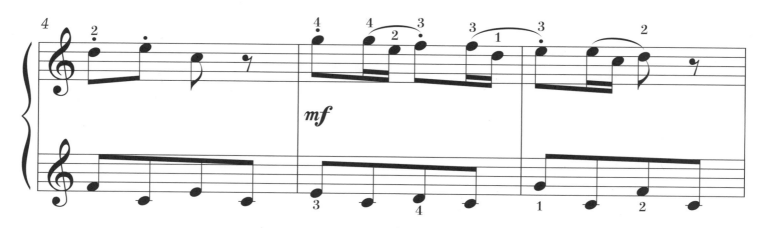

7

Theme and Variations

주제와 변주

Op. 300, No. 39

- **목표 템포** ♩= 120 이상
- **곡 특징 및 학습 목표**
  - 이 곡은 단순한 주제의 테마와 2개의 변주로 구성되어 있으며, 제 1변주는 짧은 슬러 아티큘레이션, 제 2변주는 긴 흐름의 레가토로 이루어져 있다.
  - 점진적으로 올라가는 난이도가 학습용으로 좋은 곡이다.
- **기초탄탄 족집게 팁**
  - 제 2변주에서는 특정 음이 돌출되지 않도록, 모든 음에 무게를 균등하게 배분해 매끈한 레가토를 완성해야 한다.

Allegretto

Theme

C. L. H. Köhler

Variation I

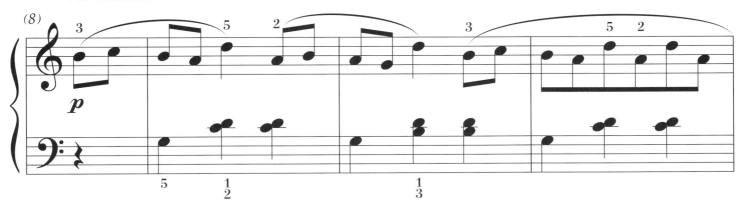

Variation II

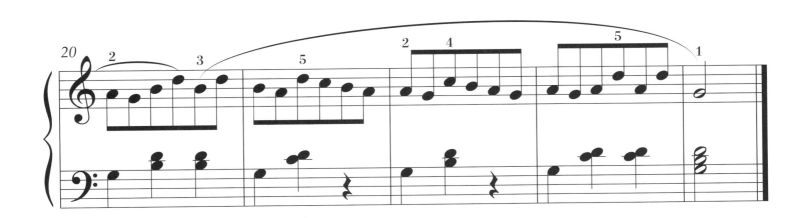

Follow My Leader

내가 이끄는 대로

- **목표 템포** ♩ = 160 이상

- **곡 특징 및 학습 목표**

  - 전형적인 캐논 형식의 곡이다.
  - 오른손 선율을 왼손이 그대로 받아, 주고 받으며 진행된다. 따라서 왼손이 단순한 반주가 아닌, 독립적
    인 선율로 진행되는 구조를 아주 쉽고 단순한 곡을 통해 익힐 수 있다.

- **기초탄탄 족집게 팁**

  - 5마디 첫 음 왼손은 음가를 살려주고, 오른손이 칠 수 있도록 재빨리 비켜줘야 한다. 4~5마디를 여러 번 반복하며 매
    끄럽게 넘어갈 수 있도록 연습한다.

Allegretto con spirito

F. Swinstead

Sonatina

소나티나 G장조 1악장

G Major, 1st mov.

- **목표 템포** ♩ = 145 이상

- **곡 특징 및 학습 목표**
  - 초급 학습자를 위한 배려로, 하나의 선율을 양손이 나누어 치도록 되어 있다. 그러나 연주에서 이러한 점이 티나지 않게, 선율이 매끈하게 연결되도록 주의한다.

- **기초탄탄 족집게 팁**
  - 3~4마디에서 오른손은 철저한 레가토가 되어야 한다. 레가토란 '모든 음들에 무게가 균등히 배분되는 것'이라고 할 수 있다. 보통 1, 3번째 음에 무게가 집중되어 절뚝거리게 되는데, 이 경우 2, 4번째 음에 무게를 '나눠주는 느낌'으로 연주하면, 곱고 둥근 레가토 라인을 만들 수 있다.

Allegro moderato

W. Gillock

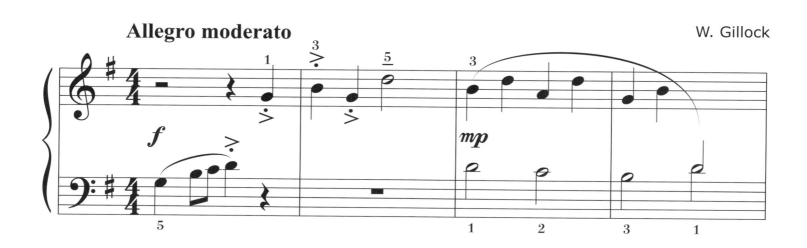

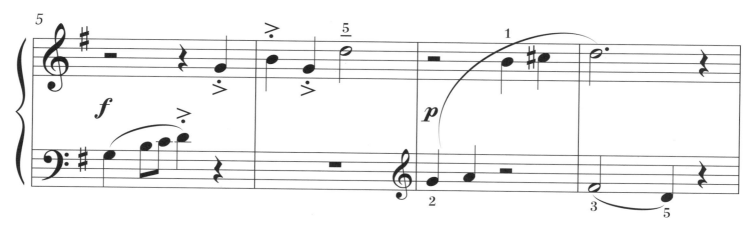

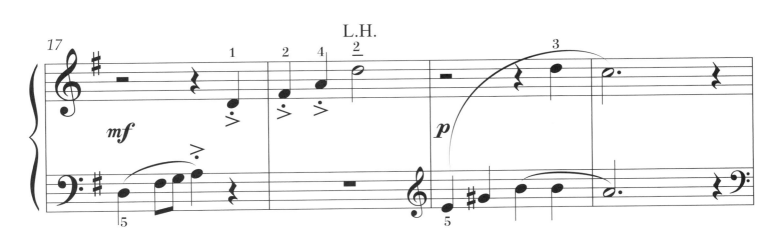

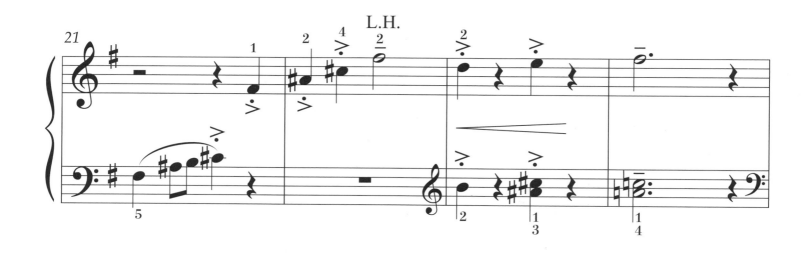

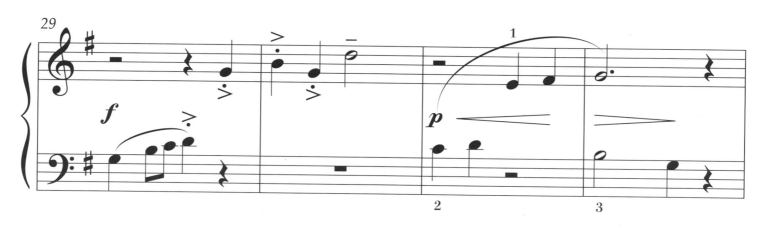

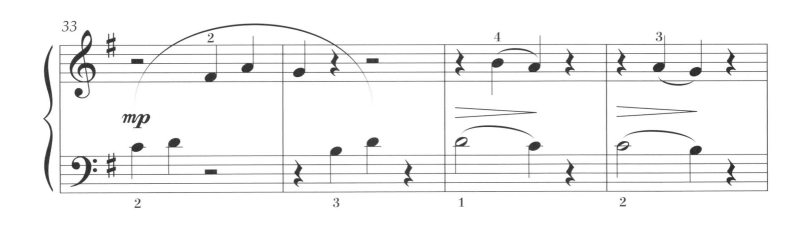

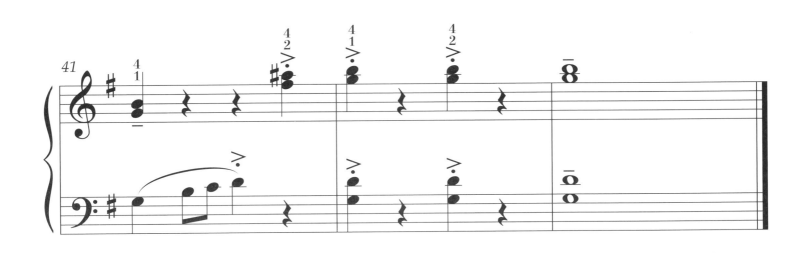

Valse

왈츠

Op. 33, No. 1

- **목표 템포** ♩ = 140 이상

- **곡 특징 및 학습 목표**

  - Grazioso의 가볍고 우아한 왈츠 스타일을 연주하는 기본을 습득한다.

  - 스타카토 연주에서는 손을 들어올리거나 탄력을 주어 음을 떼려 하지 말고, 가벼운 질감의 음색을 내는 데 집중한다.

- **기초탄탄 족집게 팁**

  - 3, 7, 11마디에서 오른손만 짝지어서 연습해 보자. 단순한 구조의 하행 스케일인데 다른 부분보다 반복 연습이 필요하다.

  - 25~28마디 왼손만 따로 5번 반복 후 양손 합친다. (갑작스러운 왼손 변형에 당황할 수 있으므로)

Allegro

S. Maykapar

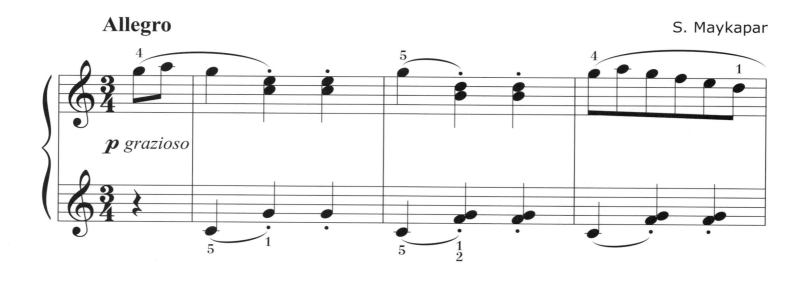

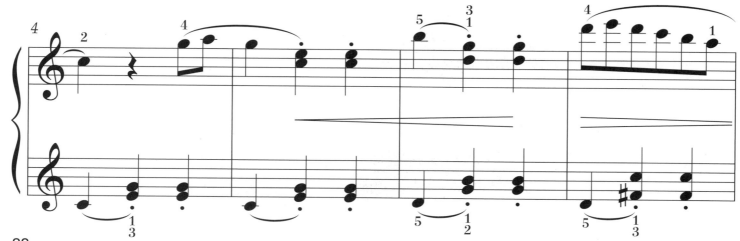

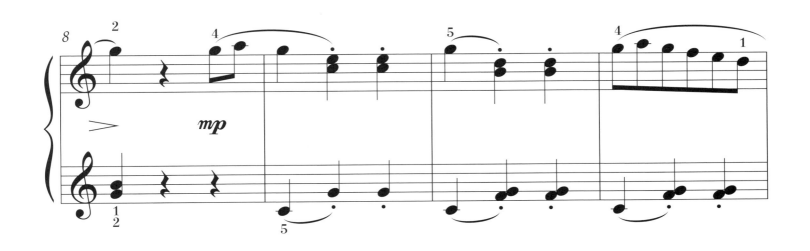

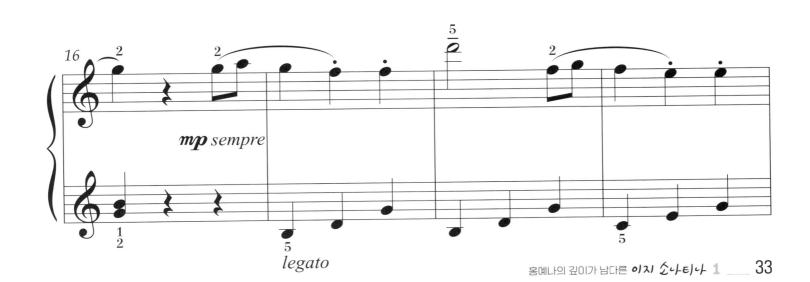

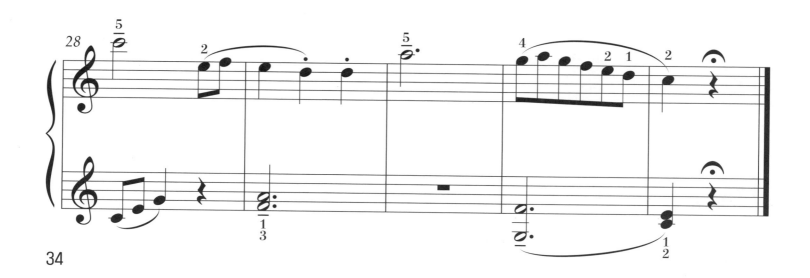

Alla capriccio

소나티나 3악장 <카프리치오 풍으로>

Sonatina G Major, 3rd mov.

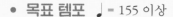

- **목표 템포** ♩ = 155 이상

- **곡 특징 및 학습 목표**
  - 작은 손으로 무리 없이 넓은 음역을 다닐 수 있도록 양손 나눔을 배려한 곡이다
  - 밝은 장조로 시작하다가 4번째 마디 후반부터 관계단조인 e 단조 화성의 어두운 감성을 오가는 매력적인 곡이다.

- **기초탄탄 족집게 팁**
  - 15~16마디는 고음역에서 저음역까지 한 라인으로 하행하는 진행이므로, 이 2마디만 반복 연습하여 매끈한 진행이 될 수 있도록 한다.

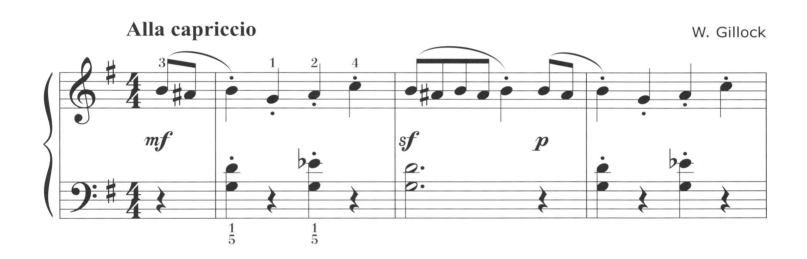

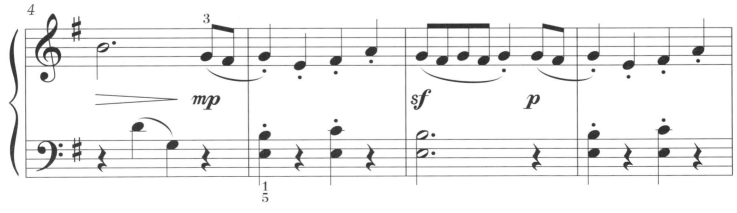

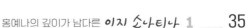

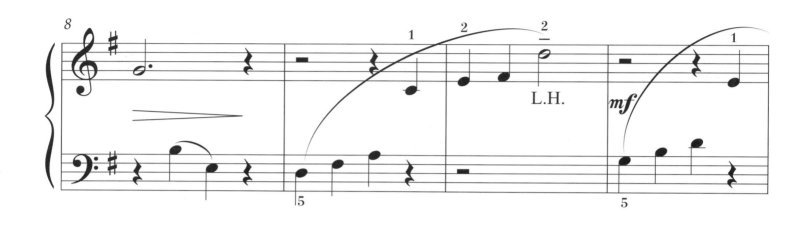

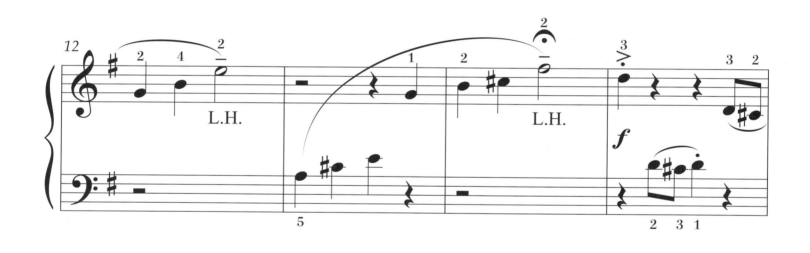

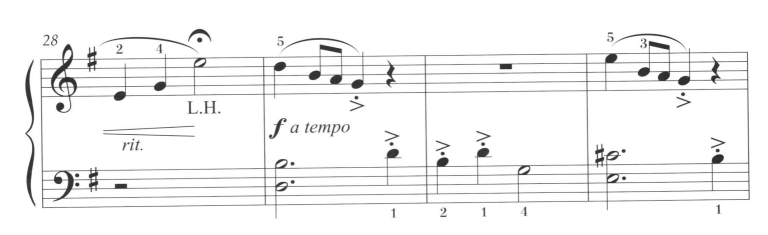

lightly to the end

a tempo

March Overture

모음곡 C장조 중 서곡

Suite in C, No. 1

- **목표 템포** ♩ = 150 이상

- **곡 특징 및 학습 목표**
  - C 장조의 밝고 당찬 선율로 시작하며 도입부는 엄지바꿈의 기초적인 움직임을 능숙히 익혀야 한다.
  - 도입부의 C 음부터 시작하여 높은 F 음까지 점진적으로 상행하는 4마디가 하나의 프레이즈를 이루며 진행된다.

- **기초탄탄 족집게 팁**
  - 도입부에서 슬러 끝음을 스타카토로 과하게 탄력을 주거나 손을 들어올리는 데 집중하면, 매끈하고 유려한 선율 진행
    이 방해받고 흐름이 끊어질 수 있다. 따라서 4마디의 한 프레이즈 큰 흐름을 유지하도록 연습하는 것이 중요하다.

Allegro con spirito

C. Rollin

repeat before going to Coda

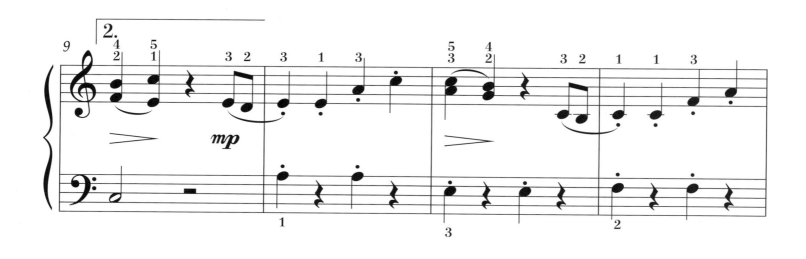

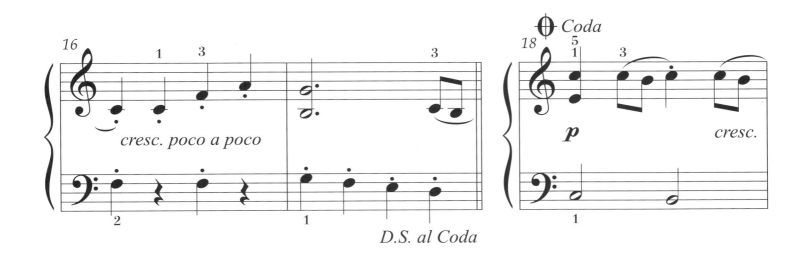

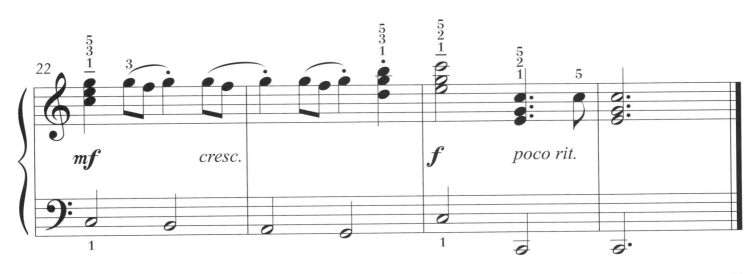

The Queen's Minuet

여왕의 미뉴에트

- **목표 템포** ♩ = 130 이상

- **곡 특징 및 학습 목표**

  - 미뉴에트는 17세기 프랑스에서 유래한 춤곡으로, 4분의 3박자에 우아하고 차분한 느낌을 주며, 소나타 형식에서 3악장에 포함되는 경우가 많다.

- **기초탄탄 족집게 팁**

  - 8~9마디 왼손 스케일과 23~24마디 지속음을 짚고 윗선율을 레가토로 이어주는 왼손은 운지법이 생소할 수 있으므로 매끈한 연주를 위해 특히 반복해서 연습해야 하는 부분이다. 이 부분들을 충분히 연습하여 흐름이 자연스럽게 이어지도록 한다.

Tempo di menuetto

W. Gillock

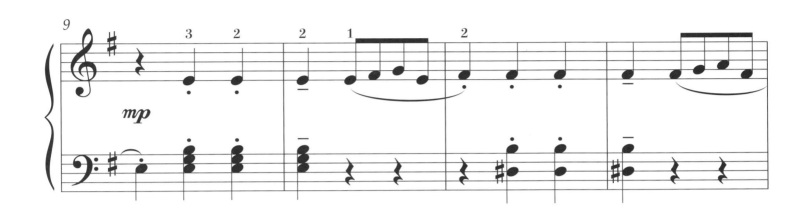

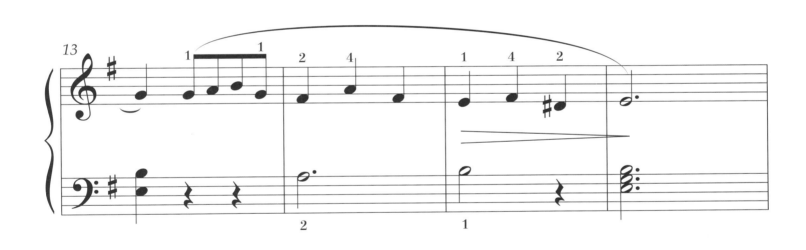

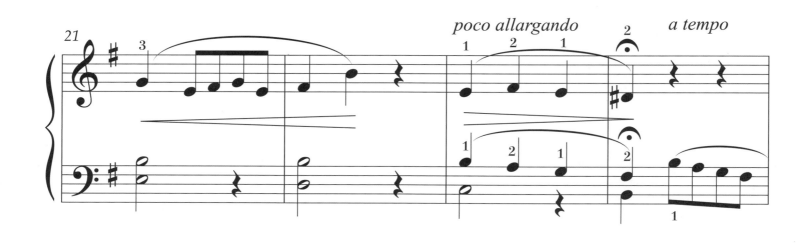

Valse sentimentale

소나티나 2악장 <감성적인 왈츠>

Sonatina G Major, 2nd mov.

- **목표 템포** ♩ = 130 이상

- **곡 특징 및 학습 목표**
  - 선율적이고 감상적인 느낌의 곡으로 후반부로 갈수록 화성 진행이 아름다운 곡이다.
  - 모든 음을 다 똑같이 눌러 치기보다는, 2마디가 하나의 선율이고, 짧은 음들은 긴 음(두번째 마디 2분음표)을 향해 진행하는 음악적 흐름을 느끼며 연주하도록 한다.
  - 도입부: 2마디 선율 + 2마디 선율 + 쭉 흘러가는 4마디짜리 흐름 → 한 세트

- **기초탄탄 족집게 팁**
  - 19~22마디는 저음역에서 시작해 고음역까지 한 라인으로 상행하는 구조이므로, 매끈한 연주가 되려면 반복 연습을 해본다.

Tempo di menuetto

W. Gillock

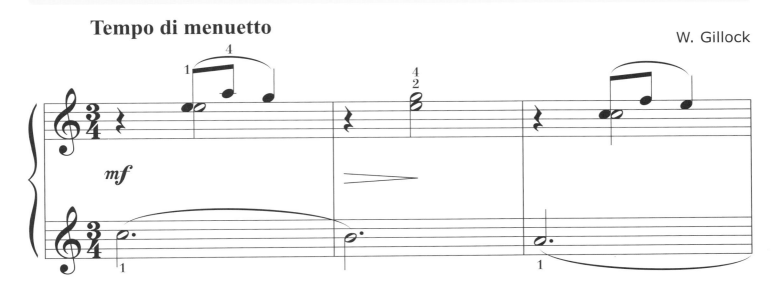

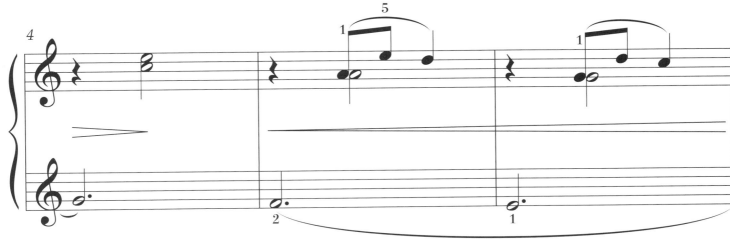

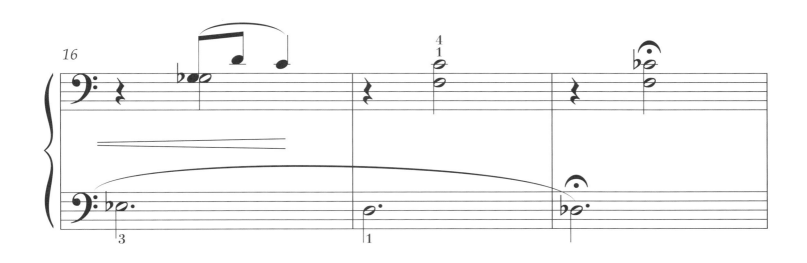

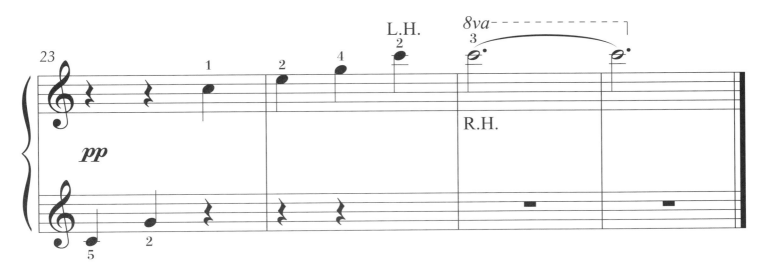

German Dance

독일 무곡

Hob. IX:22, No. 2, D Major

- **목표 템포** ♩ = 140 이상

- **곡 특징 및 학습 목표**
  - 당차고 경쾌한 춤곡 분위기를 표현하기 위해 적정 속도를 목표로 해서 연습한다.
  - 5~7마디와 같은 왼손 4분음표는 가벼운 음색으로 연주해 경쾌함을 표현할 수 있도록 한다. (사실상의 스타카토)

- **기초탄탄 족집게 팁**
  - 6~8마디는 스케일 패턴이므로 오른손만 반복 연습이 필요하다. 오른손이 능숙해지면, 왼손과 함께 연습을 시작하되, 먼저 3마디만 합쳐서 연주해본다.

F. J. Haydn

Allegro ma non troppo

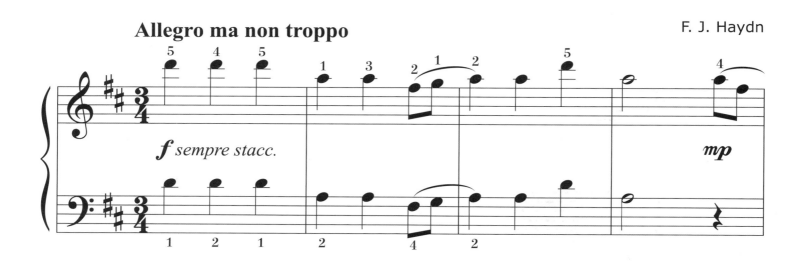

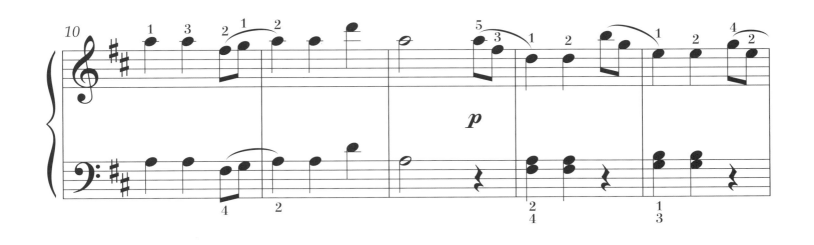

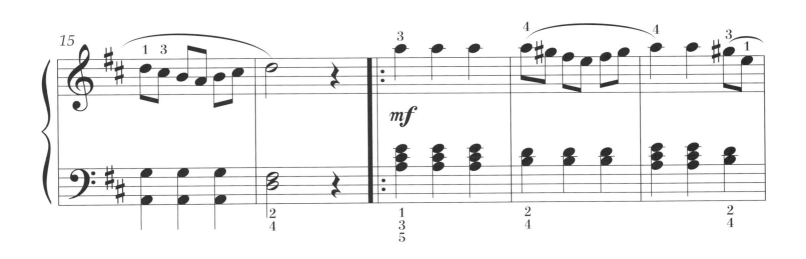

16

The Clock Sonatina

시계 소나티나 1악장

1st mov.

- **목표 템포** ♩ = 90

- **곡 특징 및 학습 목표**
  - 도입부에 나오는 악센트는 세게 치려고 하지 말고, 매 첫 비트를 느끼며 리듬의 질서정연함을 표현하는
    것으로 충분하다.
  - '시계 소나티나' 제목처럼 똑딱거리는 시계 소리와 같은 정확한 박자와 가지런한 리듬을 느끼며 연주한다.

- **기초탄탄 족집게 팁**
  - 곡에서 가장 복잡도가 높은 9~16마디는 다른 부분들보다 더 많이 반복해서 연습해야 곡 전체를 일정 속도 이상으로
    막힘없이 매끈하게 연주할 수 있다.

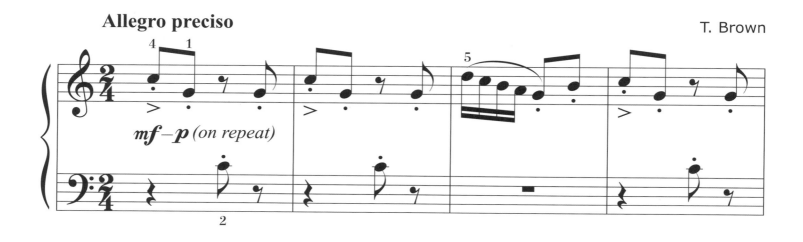

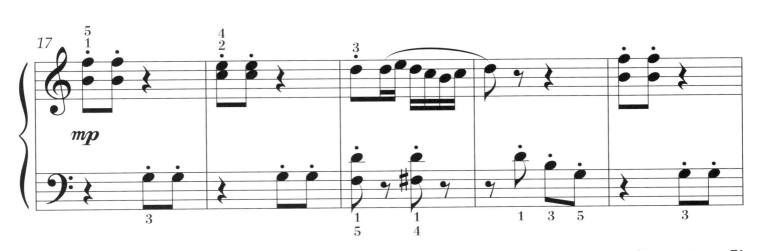

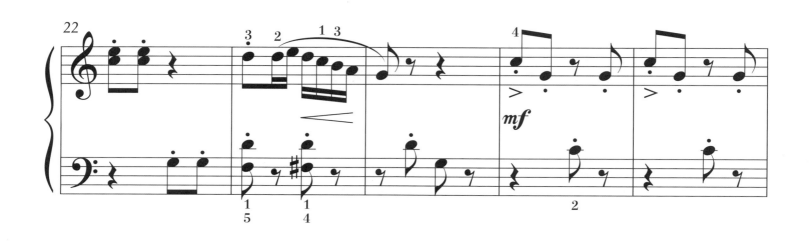

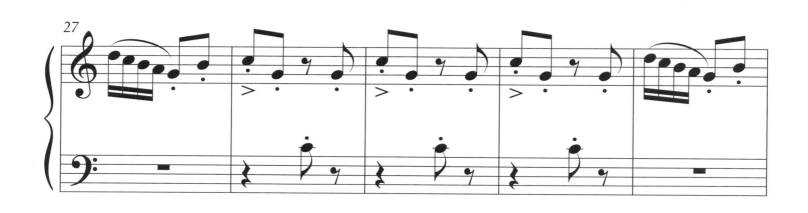

17

Imperial Sonatina

황제 소나티나 1악장

1st mov.

- **목표 템포** ♩ = 140

- **곡 특징 및 학습 목표**
  - 이 곡은 편의상 왼손과 나누어 치는 구조로 되어 있어, 특히 작은 손을 가진 아이들이 연주하기에 편안하고 수월하다. 그러나 나누어 치는 것이 티나지 않도록 양손이 매끈하게 연결되어야 하는 점에 주의한다.

- **기초탄탄 족집게 팁**
  - 16~20마디는 반복 연습이 필요한 부분이다. 넓은 음역을 올라가는 진행은 연주의 화려함을 더하지만, 양손이 교차되는 연속된 상행이 매끈하게 연주되려면 반복 연습이 필요하다. (왼손이 오른손 위로 올라간다.)

Allegro risoluto

D. Alexander

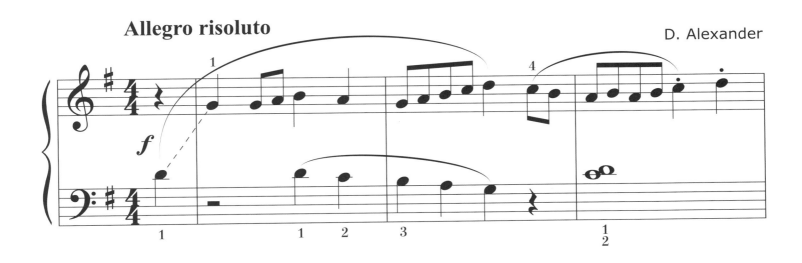

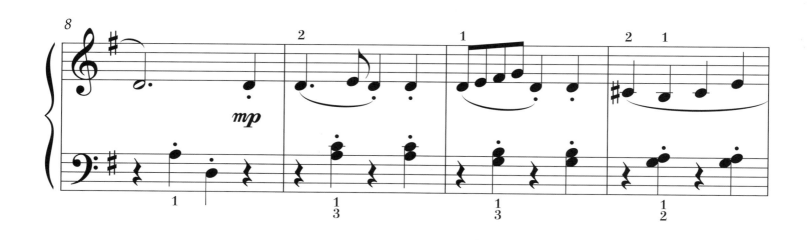

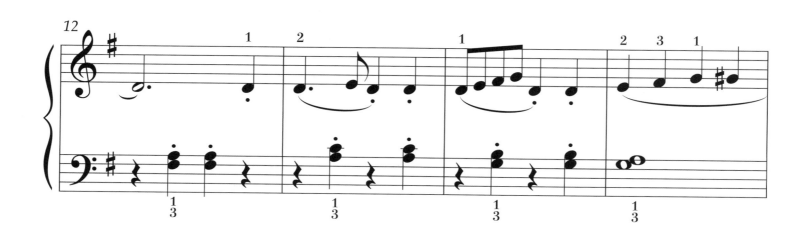

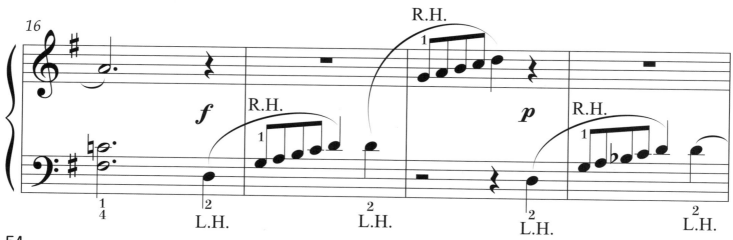

Bagatelle

바가텔

- **목표 템포** ♩ = 88

- **곡 특징 및 학습 목표**
  - 바가텔은 짧고 간단한 형식의 곡이지만, 제시부, 발전부, 재현부의 구조가 명확하게 드러나는 특징이 있다.

- **기초탄탄 족집게 팁**
  - 첫 4마디의 왼손 음형 진행이 의외로 어려울 수 있다. 왼손만 따로 4마디를 5번 반복한 후, 양손을 합치면 훨씬 수월해진다.

Allegretto

A. Diabelli

19

The Fair

축제

Op. 101, No. 8

- **목표 템포** ♩ = 90 이상

- **곡 특징 및 학습 목표**
  - 오른손 16분음표가 많지만 사실상 손가락 쓰임새는 수월한 편이다.
  - 밝은 C 장조로 시작해 21마디부터 맹렬한 느낌의 a 단조로 바뀌며 분위기 전환이 주요 포인트이다.

- **기초탄탄 족집게 팁**
  - 33~34마디는 양손이 각각 도약해 어려우므로 특히 부분 연습이 필요하다.

Vivace

C. Gurlitt

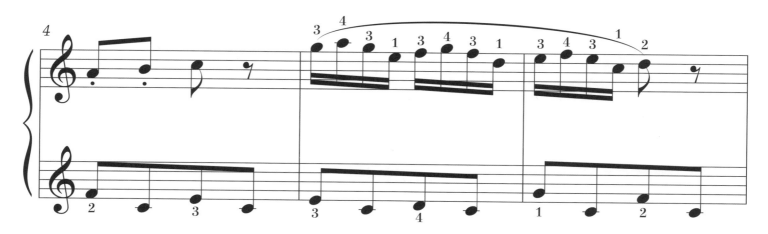

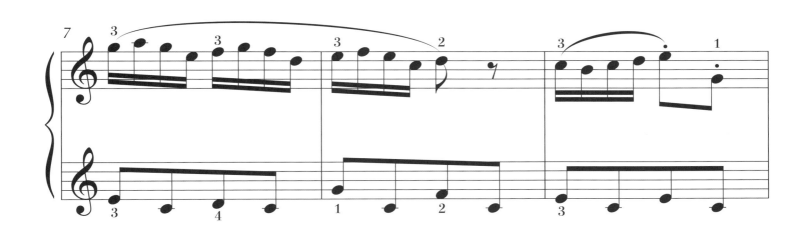

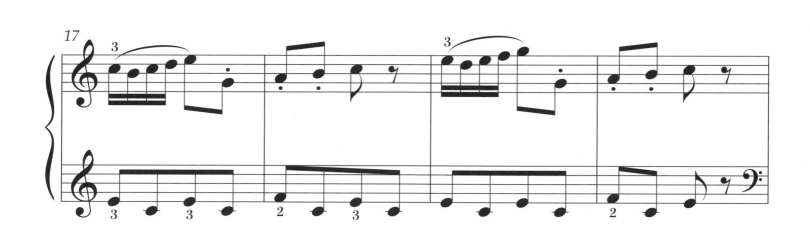

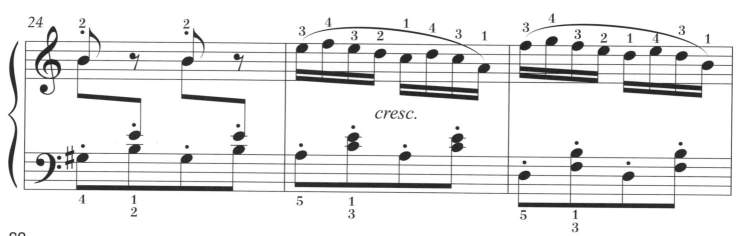

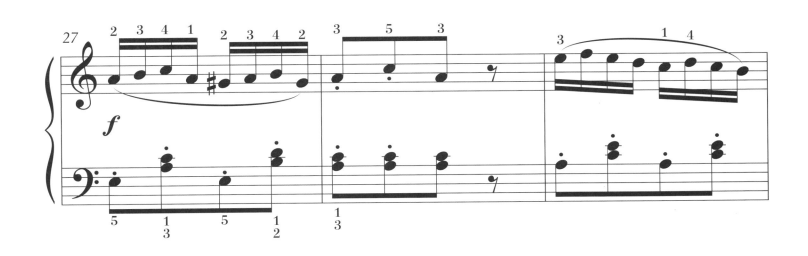

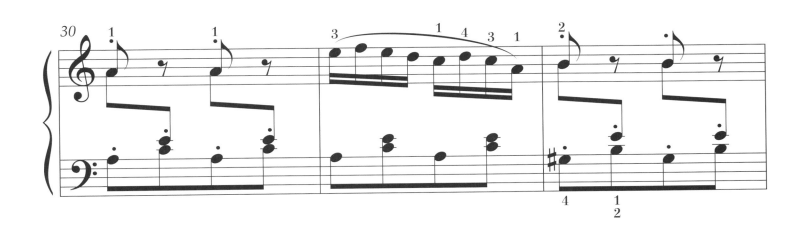

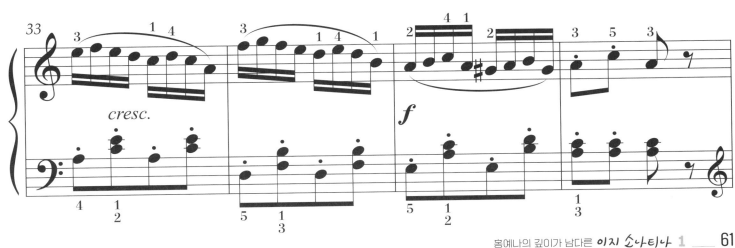

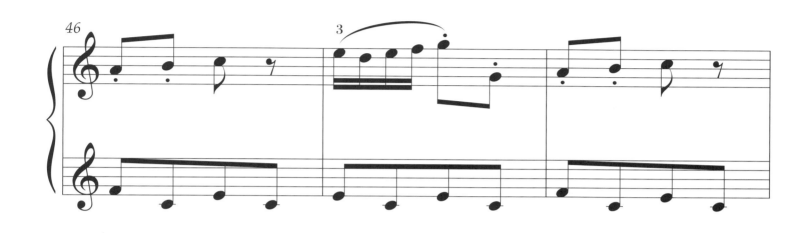

20

Bourrée

부레

D Minor

- **목표 템포** ♩ = 145 이상

- **곡 특징 및 학습 목표**
  - 부레는 바로크 시대 바흐가 즐겨 사용한 악곡 형식으로, 2개의 부분이 반복되는 구조로 되어 있다.
  - 4마디가 한 프레이즈이므로 초견을 힘들어하는 경우, 4마디씩 끊어 익힌다.

- **기초탄탄 족집게 팁**
  - 3~4마디는 매끈한 왼손 진행이 어려운 부분이므로, 딱 2마디만 왼손 따로 능숙해질 때까지 반복 연습이 필요하다.

Allegro

C. Graupner

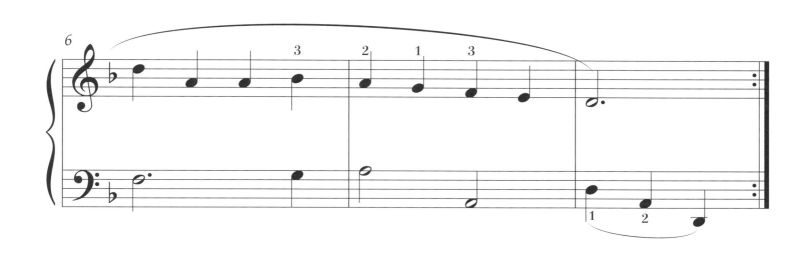

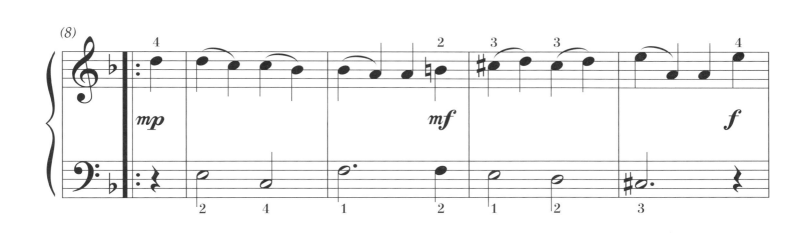

Rondo Enfantine 편

★ 맹목적인 연습의 위험성

때로는 부분적으로 양손 따로 연습이 필요할 수 있지만, 광범위한 부분을 맹목적으로 양손 따로 오래 연습하는 것은 득보다 실이 더 많다.

★ 맹목적인 연습이 위험한 이유

① 오랜 시간 연습했음에도 정작 무엇을 연습했는지 기억이 잘 나지 않아, 시간과 노력이 헛되이 낭비된다.
② 피아노는 본래 양손을 함께 사용하는 악기다. 의미 없는 양손 따로 연습을 오래 할 경우, 실질적으로 얻는 것이 거의 없다.

★ 어떻게 연습해야 할까?

필요한 부분만 짧고 확실한 목적을 가지고 양손 따로 연습을 한 후, 가능한 한 곧바로 양손을 합치는 연습에 집중해야 한다.
예를 들어, 이 곡에서는 다음과 같은 방식으로 접근할 수 있다.

가령, 처음부터 끝까지 왼손 따로 반복 연습, 오른손 따로 반복 연습을 하는 것은 헛된 노력일 뿐 효율성과는 거리가 멀다.

사실 아이가 악보를 못보고 힘들어 하고 어려워하는 많은 책임은 레스너에게 있다고 본다.
앞으로는 악보 보는 것을 힘들어하는 아이는 다음과 같이 시켜보시길 바란다.

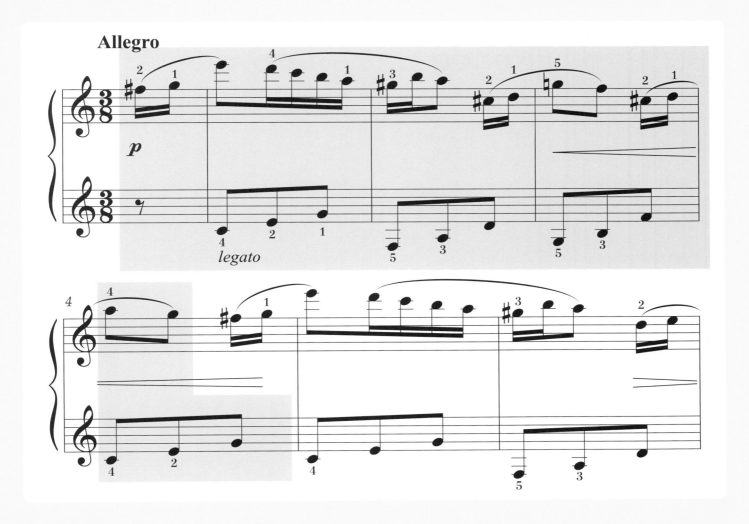

⁺♂ 깊이가 남다른 팁

1. 오른손부터 연습하기

위 악보를 예시로, 색칠한 부분을(4마디 한 프레이즈) 일단 오른손만 따로 몇 번 시켜본다.

고작 4마디 밖에 안되므로 아이가 크게 지치지 않고 집중력을 유지할 수 있다.

2. 왼손 연습하기

오른손이 어떤 선율인지 감이 잡혔으면 이번에는 왼손만 딱 4마디를 연습한다.

이 과정을 통해 왼손 음의 자리를 정확히 짚을 수 있도록 한다.

3. 양손 합치기

왼손이 능숙한 정도가 되면 바로 양손과 합쳐본다

단, 양손을 동시에 치는 것이 훨씬 더 어렵기 때문에, 양손 따로 연습할 때는 조금 빠르게 해보면, 같은 시간 더 많은 횟수를 반복할 수 있고 흐름을 빠르게 파악 할 수 있다.

양손을 함께 칠 때는 훨씬 느리게 연습하는 것이 좋다.

이렇게 짧은 구간을 양손 따로 연습한 후 바로 양손을 합쳐 연습하면 비로소 내가 무엇을 연습했는지가 훨씬 명확히 더 기억에 잘 남게 된다.

21

Ronde Enfantine

어린이 론도

- **목표 템포** ♪ = 140 이상

- **곡 특징 및 학습 목표**
  - 변화가 많은 왼손의 분산화음은 매끈하고도 조용하게, 오른손 선율은 명료하게 밸런스를 맞춰주는 것이 중요하다.

- **기초탄탄 족집게 팁**
  - 1~4마디 왼손은 간격이 갑자기 넓어지거나 건너뛰는 음들이 많아 보기보다 까다롭기 때문에 왼손만 따로 충분한 연습이 필요하다.
  - 9마디부터 왼손의 밀집 화음은 학습적인 목적이 큰데, 잡는 음들이 많아지면 손모양이 저절로 잡히는 효과가 있기 때문이다. 밀집화음이 둔탁해지지 않도록 가볍게 연주해준다.

A. Schmoll

Burlesque

버레스크

G Major

- **목표 템포** ♩ = 85 이상

- **곡 특징 및 학습 목표**
  - 버레스크는 18세기 유행한 경쾌하고 유머러스한 느낌을 가진 악곡 형식이다.
  - 4마디가 하나의 프레이즈를 이루는 곡으로, 하나의 프레이즈가 조각나거나 투박해지지 않게 경쾌한 선율을 표현해준다.

- **기초탄탄 족집게 팁**
  - 왼손에 비해 오른손이 조금 더 복잡한 구조이므로, 4마디만 먼저 오른손 따로 충분히 반복해서 능숙해진 후 양손으로 쳐보는 것을 권한다. (너무 긴 범위나, 너무 많은 시간을 양손 따로 하는 것은 금물이다. 짧게 필요한 부분만 각손 따로 해서, 바로 양손을 합쳐 볼 수 있는 범위를 잡는 것이 좋다.)

Allegretto

Annoymous

23

Minuet

미뉴에트

A Minor

- **목표 템포** ♩ = 118 이상

- **곡 특징 및 학습 목표**
  - 미뉴에트는 18세기 유행했던 3박 계열의 우아한 춤곡이며, 고전 소나타 형식에서 3악장에 포함된 경우가 많다.
  - 이 곡은 a 단조의 차분한 느낌을 가진 곡이다.
  - 왼손이 단순 반주가 아닌 나름의 선율 라인을 가지고 있는 점에 유의해야 한다. 조표나 임시표가 없어 악보가 깨끗해 보여 쉽게 보일 수 있지만, 이러한 구조로 인해 막상 건반 상에서는 생각보다 어렵다고 느낄 수 있다. 그러나 그만큼 공부가 많이 되는 곡이다.

- **기초탄탄 족집게 팁**
  - 5~8마디 왼손은 음들이 좁아짐과 펼침이 섞여 있어, 악보로는 쉬워 보이지만 실제 건반에서는 어렵게 느껴질 수 있다. 따라서 반드시 먼저 '딱 4마디만 왼손 따로 5번' 반복한 후, 양손과 바로 합쳐보는 것을 권한다.

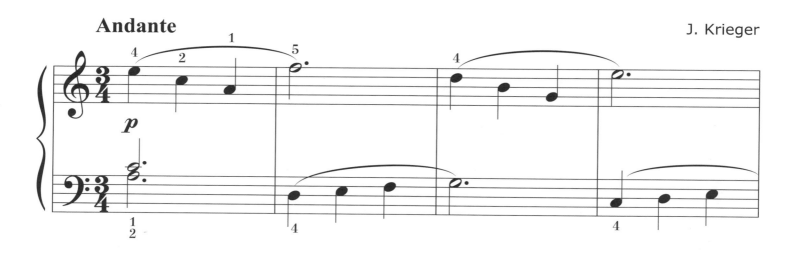

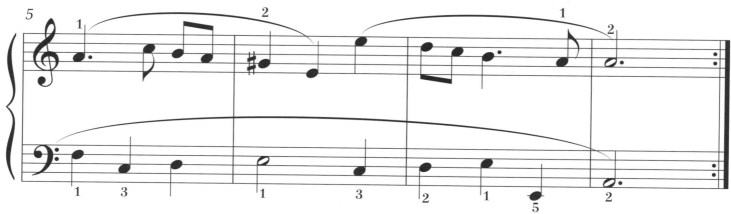

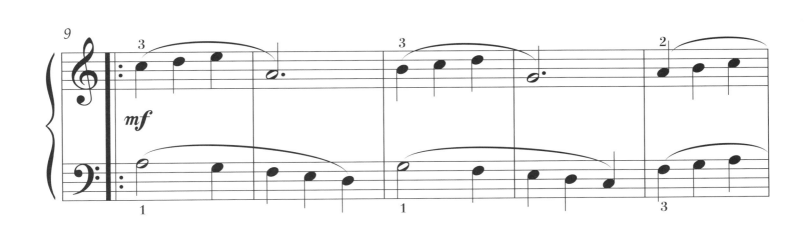

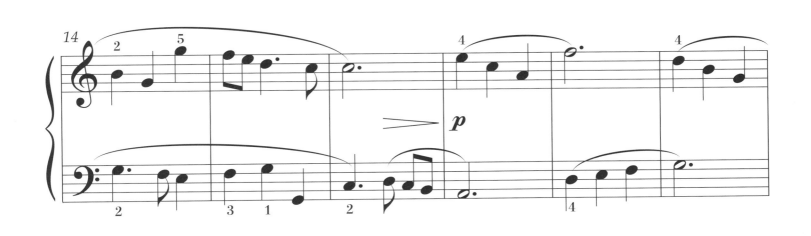

Prelude 편

손가락 위치와 바꿈

갑작스러운 스케일 등장!
정확히는 G장조 스케일이다.

갑자기 엄지 손가락으로 손 위치를 바꿔야 하므로, 딱 이 2마디만 오른손 따로 반복 연습하는 것이 필수이다.
가급적, 마디의 시작부터 연습하기보다는 사각 색칠된 스케일 하행이 포함된 전체 구간을 연습하는 것이
효과적이다.

이를 위해 위 악보의 표시된 부분을 집중적으로 연습하도록 지도한다.

⁂ 깊이가 남다른 팁

1. 팔과 손의 움직임을 최소화하기

엄지손가락의 위치를 바꿀 때 팔과 손 전체를 움직이려 하지 말고, 손가락이 건반이라는 '장애물'을 넘어가는 느낌으로 연습하는 것이 중요하다. (육상 경기 중 허들 경기처럼)

2. 엄지손가락의 빠른 위치 이동

위 악보의 보라색 상자를 참고하여 예시를 들자면, 3 - 1 바꾼 직후 엄지손가락은 재빨리 손바닥 밖으로 빠져나와야 한다. 엄지가 손바닥 안쪽에 머물러 있으면 불필요한 긴장이 생길 수 있으므로, 엄지가 재빨리 손바닥 밖으로 나오면서 원래 위치로 돌아오는 것이 핵심이다. 사실, 이것이 바로 엄지 릴렉스 비법의 '전부'라고 해도 과언이 아니다.

3. 양손 합치기

엄지 바꿈과 스케일 연습이 익숙해졌다면, 이제는 한 손이 아니라 양손을 함께 사용하여 연습해보자. 양손이 균형을 이루면서 움직일 수 있도록 점차 속도를 올려가며 익숙해지는 것이 중요하다.

⁂ 연습 효과

이런 연습이 쌓이면, 이지 소나티나 초반부에서 익힌 기교 누적되어 나중에 더 어려운 곡을 연주할 때도 큰 도움이 된다. 곡이 점점 어려워지더라도 기본적인 테크닉이 잘 자리 잡혀 있다면 무리 없이 곡을 익히고 연주할 수 있다. 따라서 기초적인 엄지손가락의 바꿈을 충분히 연습하는 것이 장기적으로 매우 중요한 과정임을 기억하자.

Prelude

바로크 스타일 모음곡 중 1번 - 프렐류드

Little Suite in Baroque Style, No. 1

- **목표 템포** ♩ = 130 이상

- **곡 특징 및 학습 목표**
  - G 장조의 평온한 느낌의 곡으로, '레가토' 연습곡이라고 해도 좋을 만큼 레가토만으로 이루어진 곡이다.
  - 풍성한 톤을 곱고 부드럽게 연주하기 위해서는 한 음씩 누르기보다는, 모든 음들에 무게를 균등히 나누어준다는 느낌으로 지그시 타건하며 노래하도록 한다.

- **기초탄탄 족집게 팁**
  - 11~12 마디는 특히 오른손만 따로 충분히 반복해준다. 작은 구조이긴 하지만, 나름의 스케일과 분산화음으로 이루어진 부분인데, 이런 곡을 통해 기초를 잡아줘야 나중에 다른 곡에서 이런 패턴이 더 어렵게 나올 때 수월하게 넘어갈 수 있다.

Andante

W. Gillock

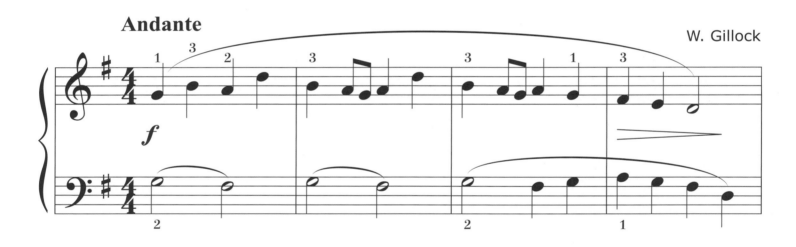

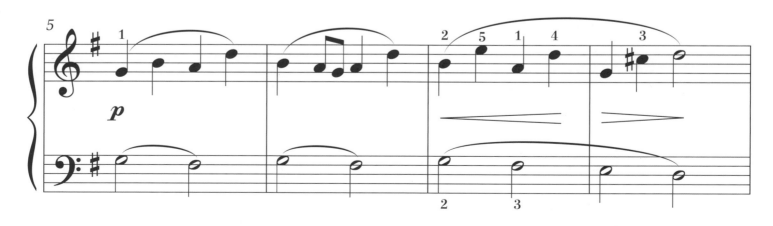

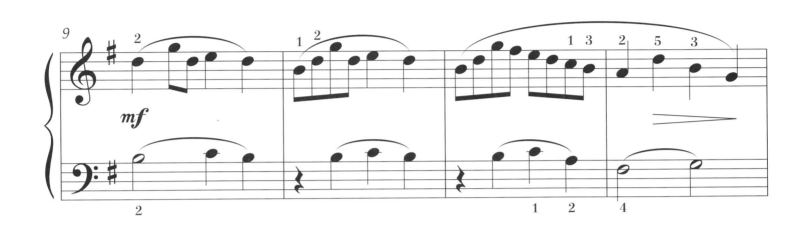

25

Gavotte

가보트

Op. 210, No. 9

- **목표 템포** ♩ = 145 이상

- **곡 특징 및 학습 목표**
  - 가보트는 17~18세기 유행했던 프랑스 춤곡이다. 2박이나 4박 계열의 활기찬 느낌의 곡이며, 두 번의 긴 음과 짧은 음이 이어지는 패턴으로 진행된다.

- **기초탄탄 족집게 팁**
  - 3~4 마디는 스케일 구조로 비교적 운지법이 복잡할 수 있으므로 오른손만 따로 5번 반복 연습 후, 양손과 합쳐 보도록 한다.

Animato

C. Gurlitt

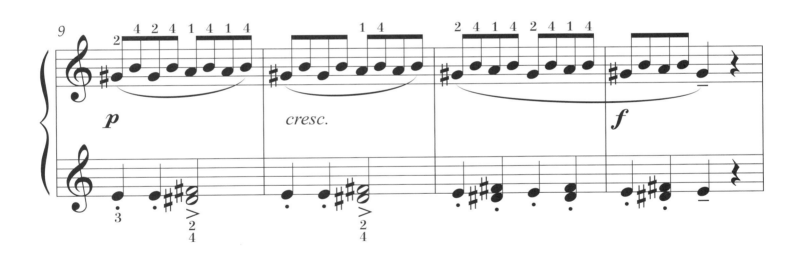

D.S. al Fine

26

Très vite

판타지 중 3악장

Third movement from Fantaisie in E Minor, TWV 33:21

- **목표 템포** ♩ = 145 이상

- **곡 특징 및 학습 목표**
  - 2개의 선율이 반복되며 교차되는 구조로, 어둡고 선율적인 E 단조의 곡이다.
  - 악보가 쉽게 보이는 것에 비해 손가락이 재빨리 건반을 찾아가는 것이 생각보다 단순하지 않은 바로크 곡이므로 공부가 많이 되는 곡이다

- **기초탄탄 족집게 팁**
  - 4번째 마디와 같이 오른손이 복잡한 부분은, 오른손만 따로 5번 정도 반복한 후 양손을 합치는 것을 권한다.

G. P. Telemann

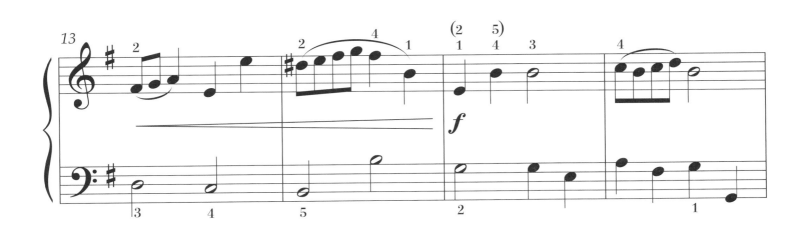

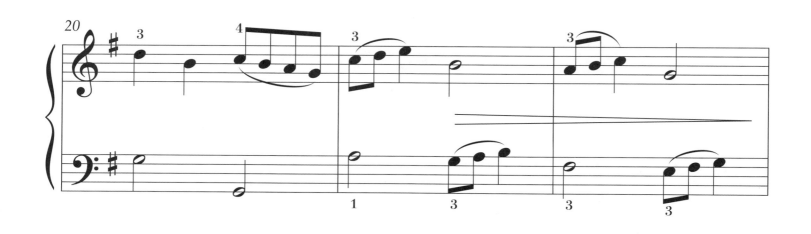

Sonatina

소나티나

Op. 157, No. 1, C Major

- **목표 템포** ♩ = 85 이상

- **곡 특징 및 학습 목표**
  - 왼손은 겹음과 단음의 혼합 패턴으로 되어 있으나, 겹음에만 무게가 들어가 절뚝이지 않도록 모두 레가토로 조용하고 매끈하게 연주해야 한다. 그 위에 명료한 멜로디의 오른손을 얹으면 밸런스가 균형 잡힌 깔끔한 연주가 완성된다.

- **기초탄탄 족집게 팁**
  - 8번째 마디부터는 왼손 자리는 그대로인데 반해 오른손은 한 옥타브 올라가 고음역대를 연주한다.
  - 피아노 악기는 고음역 현이 얇고, 소리도 가늘기 때문에 악보에 ***pp***라고 나와 있는 것은 왼손을 ***pp***, 오른손은 ***f***정도로 내주어야 선율이 명료하게 드러나 깔끔한 연주가 된다.

F. Spindler

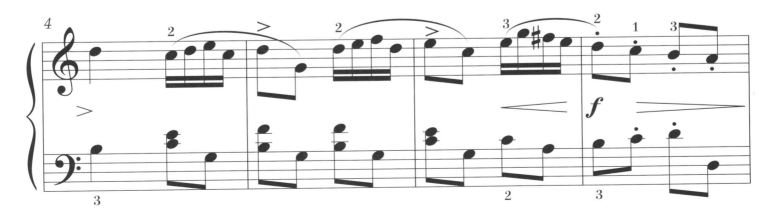

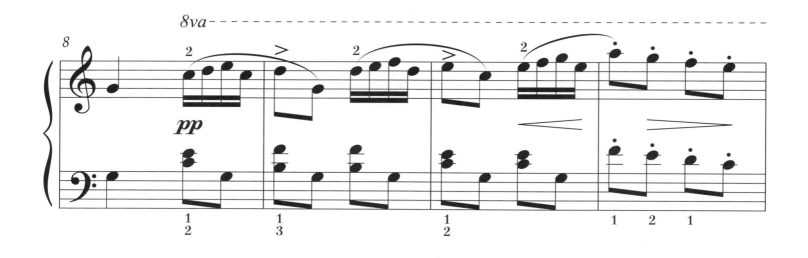

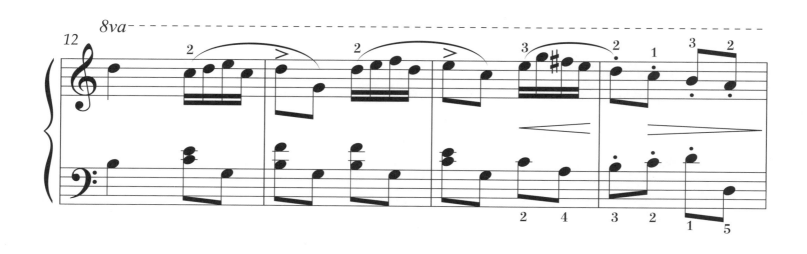

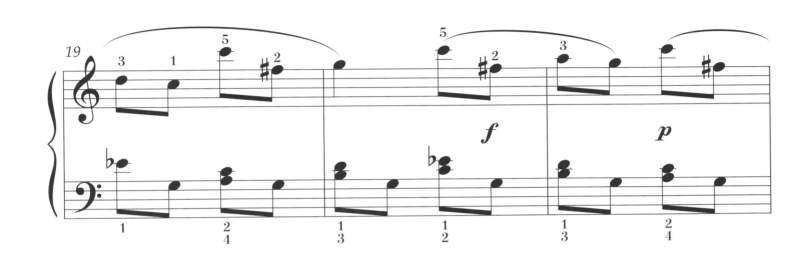

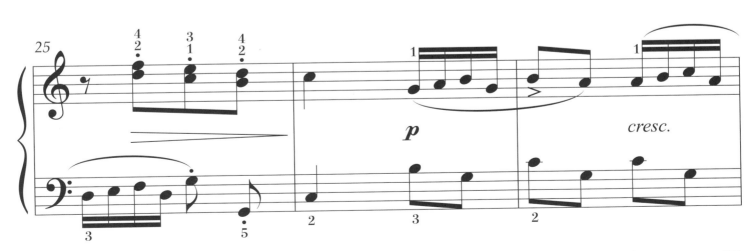

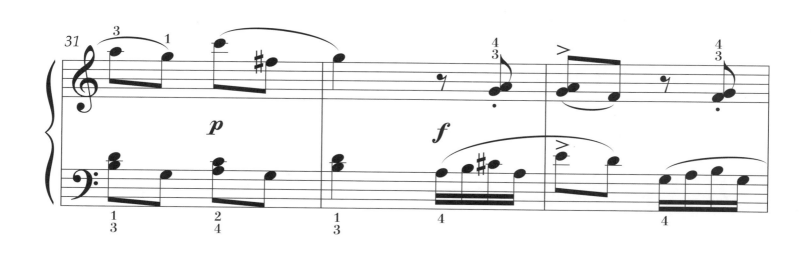

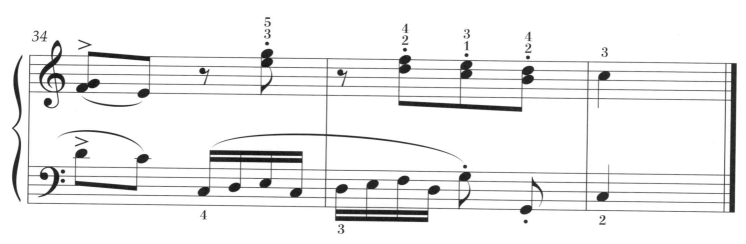

홍예나의
깊이가 남다른

이지

소나티나

1

At the Ballet

발레리나

- **목표 템포**

  ♩ = 124

- **곡 특징 및 학습 목표**

  - 우아하고 예쁜 느낌의 곡으로, 스타카토를 탄력 붙여서 떼지 않도록 한다.
  - 곡의 분위기를 감안할 때 스타카토는 가만히 차분하게 표현해준다. (QR 코드 영상 참고)

- **기초탄탄 족집게 팁**

  - 3번째, 7번째 마디 같이 연결된 오른손 8분음표는 선율적인 레가토이므로, 한 음씩 누르려 하기보다는 모든 음들에 무게를 균등히 배분해 곱고 둥글게 한 라인으로 노래해주도록 한다.

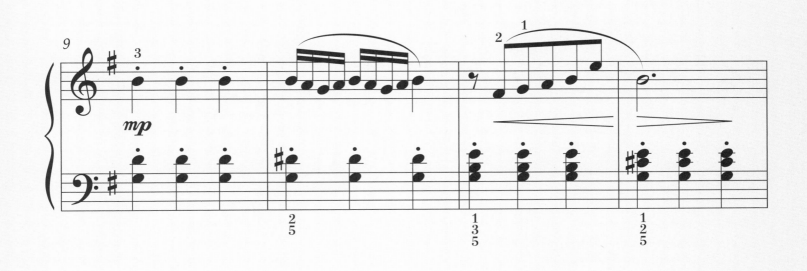

노래하는 뉘앙스

끝음 뚝뚝 끊지 말 것
우아하게 끝음 처리

왼손 엄지손가락으로 윗소리 살리기

오른손 고음역
소프라노 소리를 청량하게

오른손 노래하라는 의미의 *messa de voce* (볼륨 조절 ✕)

왼손은 극도로 조용히

왼손은 시종일관 조용히

세게 때리지 않기
뉘앙스만 살리기

2-1 을 연결하면 전체 화음이 연결된듯이 들린다.

윗소리 살리기

홍예나

선화예중 | 선화예고 2학년 재학 중 도러
러시아 St. Petersburg Conservatory 졸업 (차이콥스키 국제 콩쿠르 심사위원장 역임한 끌라브첸코 사사)
재학 중 St. Petersburg Youth 오케스트라와 협연
핀란드 Espoo Music Academy 피아노 교수법 과정 수료
러시아, 북유럽에서 다수의 연주 활동
전국 수백회의 세미나에서 콩쿠르 곡 강의
현재는 네이버 카페 Yena Method 운영 중

저서 알라딘 MD선정 '2017 올해의 책' [에세이] 나는 오늘부터 피아노를 치기로 했다.
콩쿠르 · 연주회를 위한 피아노 레퍼토리 1~2
홍예나의 임팩트 소나티나 1~2
피아노가 재미있어지는 홍예나의 콩쿠르 곡집 [연주 효과 좋은 곡 편] [콩쿠르 대상 받는 곡 편]
숨은 명곡 발굴 전문가 홍예나의 콩쿠르 곡집 1~3
전체 대상 받은 곡 모음집 홍예나의 콩쿠르 곡집 [저학년 추천 편] [고학년 추천 편]
홍예나의 깊이가 남다른 이지 소나티나 1~3

홍예나의
깊이가 남다른

이지 ① 소나티나

저자 홍예나
발행인 김두영
전무 김정열
콘텐츠기획개발부 정예림
디자인기획개발부 이은경, 지혜란
제작 유정근
마케팅기획개발부 신찬, 송다은, 김지연
경영지원개발부 권지현, 한재현, 임숙현, 김아영

발 행 일 2025년 3월 20일(1판 1쇄)

발 행 처 삼호ETM (http://www.samhomusic.com)
경기도 파주시 문발로 175
마케팅기획개발부   전화 1577-3588   팩스 (031) 955-3599
콘텐츠기획개발부   전화 (031) 955-3589 팩스 (031) 955-3598
등   록 2009년 2월 12일 제 321-2009-00027호

ISBN   978-89-6721-558-3

제 품 명 : 도서	주 소 : 경기도 파주시 문발로 175
제조사명 : 삼호ETM	문의전화 : 1577-3588
제조국명 : 대한민국	제조년월 : 판권 별도 표기
사용연령 : 3세 이상	KC마크는 이 제품이 공통안전기준에 적합하였음을 의미합니다.